NOTICE NÉCROLOGIQUE

SUR

M. PIERRE PIATON

ET

HOMMAGES RENDUS A SA MÉMOIRE

NOTICE NÉCROLOGIQUE

ET

HOMMAGES RENDUS A LA MÉMOIRE

DE

M. PIERRE PIATON

PRÉSIDENT DU CONSEIL D'ADMINISTRATION DES HOSPICES CIVILS DE LYON,
ET DE LA COMMISSION ADMINISTRATIVE DE L'ÉCOLE LA MARTINIÈRE,
SECRÉTAIRE GÉNÉRAL DE LA SOCIÉTÉ D'ENSEIGNEMENT PROFESSIONNEL DU RHÔNE,
PRÉSIDENT DU CONSEIL DE L'ÉCOLE CENTRALE LYONNAISE,
MEMBRE FONDATEUR DE LA SOCIÉTÉ PROTECTRICE DE L'ENFANCE,
DIRECTEUR DE L'AMBULANCE DE LA GARE DE PERRACHE PENDANT LA GUERRE,
ANCIEN PRÉSIDENT DE LA SOCIÉTÉ D'AGRICULTURE,
DE LA SOCIÉTÉ D'ÉCONOMIE POLITIQUE
ET DE LA SOCIÉTÉ DES SCIENCES INDUSTRIELLES,
MEMBRE DE LA SOCIÉTÉ DE GÉOGRAPHIE DE LYON,
DE L'ASSOCIATION FRANÇAISE POUR L'AVANCEMENT DES SCIENCES,
ANCIEN PRÉSIDENT DU CONSEIL DES DIRECTEURS DE LA CAISSE D'ÉPARGNE DE LYON,
MEMBRE DU CONSEIL D'HYGIÈNE ET DE SALUBRITÉ DU DÉPARTEMENT DU RHÔNE,
CHEVALIER DE LA LÉGION D'HONNEUR,
OFFICIER DE L'INSTRUCTION PUBLIQUE.

NÉ LE 27 MARS 1818, — MORT LE 20 AVRIL 1879.

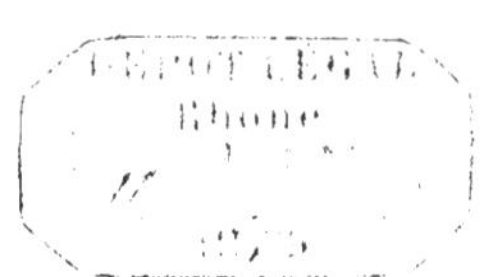

LYON

ASSOCIATION TYPOGRAPHIQUE

RIOTOR, RUE DE LA BARRE, 12

—

1879

20 AVRIL 1879 !

L'homme d'élite que Lyon vient de perdre laisse une mémoire qui ne périra pas.

Le bien qu'on disait de lui pendant sa vie, on le répétait avec douleur en suivant en foule son cercueil. Les journaux ont salué sa mort par d'unanimes regrets. Des discours éloquents ont été prononcés sur sa tombe. Une esquisse biographique émue et sincère a rendu hommage à ses mérites. Enfin, des funérailles dignes de lui ont fait escorte à sa dépouille mortelle.

De si précieux témoignages d'estime et d'admiration font partie d'un héritage. C'est pourquoi un sentiment pieux les a fait réunir dans cet opuscule, destiné à prendre place dans les archives de famille et à être offert aux parents et aux amis du défunt, comme le souvenir le plus fidèle de celui dont le nom vénéré rappelle le mieux le culte constant des vertus privées et des vertus publiques.

NOTICE NÉCROLOGIQUE

SUR

M. PIERRE PIATON

Par M. le Docteur J. GARIN

(Extrait du Lyon Médical, n° du 27 avril 1879)

Après dix mois de cruelles souffrances, M. Piaton, président du Conseil d'administration des hospices civils de Lyon, vient de succomber à une maladie, dont l'issue fatale n'était, hélas ! que trop prévue. Le *Lyon Médical* ne peut annoncer ce triste événement à ses lecteurs sans joindre son tribut d'éloges et de regrets aux témoignages unanimes de douloureuse sympathie qui ont éclaté dans notre ville, à la nouvelle de la mort si regrettable de cet homme de bien.

M. Piaton n'appartenait point à la médecine ; mais la médecine lyonnaise doit à son active bienveillance tant de réformes heureuses dans nos hôpitaux, où il a passé près de quinze ans ; elle a reçu de lui un concours si résolu et si généreux dans la création récente de notre Faculté de médecine, que nous ne saurions rester froids ou indifférents envers sa mémoire.

Cette mémoire, du reste, se recommande à tant de titres, qu'il nous faudrait plus d'espace que nous n'en avons ici pour lui rendre un complet hommage. Aussi devrons-nous nous borner à des indications sommaires de biographie.

I

M. Piaton est né à Lyon en 1818. C'est au Lycée de notre ville qu'il fit, avec la plus grande distinction, toutes ses études classiques : on peut voir encore, chaque année, son nom inscrit au palmarès, sur la liste des anciens prix d'honneur. Les brillantes et sérieuses études qu'il fit ensuite à la Faculté de droit de Paris lui permettaient d'aspirer à une place d'auditeur au Conseil d'État, quand des craintes pour sa santé le forcèrent de suspendre tout travail et d'aller passer un hiver en Italie. A son retour, l'occasion d'une profession de haut vol étant manquée, le futur administrateur de nos hôpitaux entra comme simple clerc de notaire dans une des études les plus importantes de la capitale. En peu d'années, il y occupa la première place, et c'est là qu'il acquit cette expérience consommée des affaires, que depuis lors on lui a toujours reconnue.

Le maître de cette étude aurait voulu le retenir à Paris. Il préféra revenir au sein de sa famille et prendre, à Lyon, la direction d'une charge de notaire, autrefois l'une des premières de notre ville, et que son mérite exceptionnel devait faire remonter à son rang.

Après treize ans d'un notariat qui n'avait point été sans honneur, M. Piaton, pour des raisons de famille, prit sa retraite, et l'on espérait l'y retenir dans un repos certainement bien gagné. Mais, pour lui, le repos n'était qu'un changement de travail. Aux dossiers poudreux du notaire, il fit succéder le creuset du chimiste, le marteau du géologue, l'herbier du botaniste, et, comme intermède à ses expériences et à ses courses alpestres, l'économie politique, l'histoire, la philosophie, la linguistique, l'exégèse, etc., venaient tour

à tour répondre aux aspirations les plus diverses d'une
intelligence avide de tout connaître, et d'une curiosité pratique qui se serait volontiers ouvert une nouvelle voie dans
l'industrie.

C'est dans cet ordre de préocupations intellectuelles que
vinrent le prendre toutes les sociétés savantes auxquelles
M. Piaton a appartenu ; c'est là aussi, dans ce tourbillon de
loisirs si occupés , que le Conseil des hôpitaux vint lui
offrir la candidature très-légitimement enviée d'administrateur. Dans cette réunion distinguée des tuteurs des pauvres,
il avait été précédé de loin par M. César Michel, son oncle.
Cette parenté ne pouvait qu'être utile à son élection; elle
lui faisait un devoir d'aller recueillir les traditions honorables d'un grand industriel qui le touchait de si près.

II

M. Piaton entra au Conseil en 1865. Il devint successi-
vement membre de la Commission exécutive, directeur de
l'Hôtel-Dieu, et président de l'Administration, et son mandat
quinquennal d'administrateur lui fut deux fois renouvelé.
Dans ces fonctions difficiles, qu'il tenait de l'affection et de
l'estime de ses collègues, il déploya un zèle, une intelligence
et une habileté qui, jusqu'à son dernier jour, n'ont pas un
seul instant fait défaut aux grands intérêts qui lui étaient
confiés.

Ce n'est pas dans une simple note nécrologique qu'il nous
serait possible de faire connaître la part, souvent prépondérante, que M. Piaton a prise aux actes les plus importants
de l'Administration. Qu'il nous suffise de rappeler ici ce qu'il
a fait pour la médecine, et d'énumérer les changements qui

se sont produits, sous sa présidence, dans l'organisation des services hospitaliers.

La création de salles spéciales pour les maladies contagieuses, jusque-là vainement réclamée avec instance par la Société médico-chirurgicale des hôpitaux, donna enfin, grâce à lui, satisfaction à un besoin urgent d'humanité ; elle mit un terme à la propagation de la variole, de la rougeole et de la scarlatine parmi les malades ordinaires qui entrent à l'hôpital pour de simples affections sporadiques. Combien ont échappé à la mort par cette heureuse innovation !

L'institution d'un concours annuel pour les places de médecin des hôpitaux, avec roulement général de tous les services de médecine sur tous les médecins, assura le recrutement régulier des chefs de service, et entretint une émulation constante parmi leurs successeurs, en assignant à leur ambition un but toujours prochain. Nul doute que l'éminent président, dont nous déplorons la perte, n'eût voulu appliquer aussi, et pour les mèmes motifs, cette mesure salutaire aux services de chirurgie. Les avantages plus ou moins contestables des concours spéciaux ne l'auraient point arrêté. A ces avantages, il aurait certainement préféré le moyen de donner aux chirurgiens en exercice des suppléants toujours disponibles et de garantir aux malades des soins toujours exacts et vigilants.

Malgré les inconvénients réels ou supposés de l'établissement d'une Faculté de médecine pour les hôpitaux de Lyon, inconvénients qui, en définitive, se sont réduits à des embarras matériels passagers et à des dépenses équitablement réglées entre les hautes parties contractantes ; malgré les réclamations et les craintes qui se manifestaient autour de lui, M. Piaton se montra constamment favorable à l'institution naissante. Il y voyait un nouveau foyer de lumière pour la science et un surcroît de prestige pour sa ville natale; c'était assez pour fixer ses résolutions. Quant aux obstacles, ne les croyant pas insurmontables, il sut les tourner avec art; et, sous sa direction aussi prudente qu'avisée, le Conseil des hospices, au lieu de se heurter périlleusement à l'État, renonça, par un sage accommodement, à un *non possumus* qui, d'ailleurs, n'était plus de saison. Grâce à cette négociation si habilement conduite, la jeune Faculté, qui risquait d'échouer au port, se vit dotée avec une libéralité sans égale de toutes les salles de clinique nécessaires à son enseignement, et put, dès lors, voguer librement vers ses horizons lointains.

III

L'internat des hôpitaux doit aussi beaucoup au dernier président. M. Piaton aimait la jeunesse; s'occuper d'elle, lui être utile, était son plus doux passe-temps. Il se souvenait de ses jeunes années; par une expérience précoce, il savait ce que la confiance et l'encouragement de ses maîtres avaient fait de lui; et, dans son âge mur, il employait volontiers la méthode dont il avait si bien profité. Loin donc de voir dans l'internat un groupe d'étudiants turbulents, indisciplinés et toujours prêts à la révolte, il aimait mieux le regarder comme l'élite ardente et généreuse des écoles, dont la fougue même n'est jamais insurmontable pour qui sait parler un langage venu du cœur et de la raison. De là ce sentiment exceptionnel de respect et de considération que M. Piaton inspirait aux internes, et qu'il agréait avec bonheur; de là aussi l'intérêt vif et affectueux qu'il leur portait, et dont il leur a souvent donné des marques. Sans rappeler les mesures qui, en élevant le niveau des concours, ont ajouté un nouveau lustre à l'internat, nous ne voulons pour preuve de sa sollicitude paternelle que l'installation plus large et plus commode accordée par lui à la bibliothèque des internes ; collection scientifique si utile, qu'à son lit de mort, il a voulu en augmenter lui-même l'importance par une touchante libéralité ; « faible témoignage, disait-il, de sa profonde reconnaissance pour la jeunesse médicale des hôpitaux, dont il venait d'apprécier de plus près, dans une douloureuse maladie, et le dévoûment et la science. »

Mais ce n'était pas seulement dans les délibérations de grande conséquence et au sein du Conseil que M. Piaton exerçait si utilement son influence ; c'était encore dans les mille détails d'une immense administration, et dans ces difficultés souvent minimes mais sans cesse renaissantes et parfois fort délicates de la direction d'un nombreux personnel ; il excellait alors à intervenir avec une droiture de jugement et une fermeté de caractère qui n'excluaient ni la justice ni la bienveillance. Si le temps et l'espace le permettaient, nous n'aurions pas à chercher beaucoup pour trouver un exemple récent de ces décisions rapides qui, plus d'une fois, ont prévenu ou arrêté de sérieux conflits.

IV

Esprit large et ami du progrès, intelligence également ouverte aux lettres et aux sciences, nature conciliante et fine, mais essentiellement morale et capable de pratiquer avec constance tous les devoirs de l'honnête homme et du bon citoyen, M. Piaton était apte à occuper partout le premier rang. Et, de fait, dans toutes les situations que son mérite, bien plus que son ambition, lui a ménagées, il a toujours été mis hors ligne par ses pairs, et pris pour chef.

Au début de sa carrière dans le notariat, il conquit d'emblée la considération publique ; et, à la Chambre des notaires, où l'élection l'avait de bonne heure porté, sa capacité le désigna à ses confrères pour débrouiller et régler une des affaires les plus épineuses et les plus compliquées de sa corporation.

Membre fondateur de l'Enseignement professionnel de notre ville, il fut, dès l'origine, nommé secrétaire général de cette grande association pour l'émancipation intellectuelle du peuple, et il en hâta l'enfantement et l'organisation d'une main sûre et exercée.

La Société d'économie politique, la Société d'agriculture et celle des sciences industrielles, où ses goûts et ses aptitudes l'avaient attiré, s'empressèrent toutes de l'appeler au fauteuil de la présidence ; et là, comme ailleurs, il se distingua par une assiduité exemplaire, par une ardeur soutenue et par des connaissances spéciales de naturaliste, de savant et de philosophe, beaucoup plus étendues et plus profondes qu'on ne l'aurait cru volontiers.

D'autres Compagnies encore se l'étaient associé, avec les mêmes flatteuses distinctions ; car partout où quelque but utile de charité, de science ou d'industrie était à atteindre, on était sûr de le rencontrer et, bientôt, de le voir à la tête de ses collègues. Aussi, a-t-on lieu de s'étonner que, surchargé de travaux si nombreux, il ait pu trouver le temps, non-seulement de répondre à tant d'exigences, mais encore d'être avec quiconque s'adressait à lui, le plus affable, le plus obligeant et le plus serviable des hommes.

V

Cependant, les deux établissements auxquels M. Piaton voua avec prédilection des loisirs que son amour du bien rendait

si laborieux, furent l'Administration des hôpitaux et l'École
la Martinière, dont la Commission de surveillance, à son
tour, l'avait choisi pour guide. Pendant les dernières années
de sa vie, l'amélioration progressive de ces grandes institutions de charité et d'instruction fut sa pensée dominante;
et jusque sur son lit de douleur, dans l'intervalle de ses souffrances, il n'était pas rare de le voir entouré des représen-
tants de ces graves intérêts publics, discutant et résolvant
avec eux les questions du jour que l'étude et l'expérience lui
avaient rendues familières.

La satisfaction intime de bien faire, d'être utile et par
là de mériter l'estime de tous, était pour M. Piaton une
première récompense. Toutefois, à cette haute considération
dont il se sentait l'objet, les insignes extérieurs qui la
consacrent étaient venus se joindre : la croix de la Légion
d'honneur et la rosette d'officier de l'instruction publique,
longtemps devancées par le suffrage de l'opinion, avaient
été le prix de son zèle hospitalier et de son active coopération à
l'enseignement professionnel. Mais en donnant tous ses soins
au perfectionnement moral et intellectuel des classes ouvrières
et au soulagement des malades pauvres, M. Piaton puisait
ses inspirations plus haut. Né d'un père et d'une mère dont le
travail et l'ordre avaient été presque l'unique patrimoine,
et témoin, dans son enfance, de l'ignorance et de la rudesse
des nombreux ouvriers de l'atelier paternel, il avait trouvé
dans son cœur bon et généreux le noble désir d'aplanir pour
eux les abords si abrupts de l'industrie, et de les secourir
dans la misère.

VI

Ces sentiments d'humanité s'alliaient trop bien avec les
convictions chrétiennes dans lesquelles il avait été élevé, pour

que M. Piaton ait jamais eu la pensée d'en rompre le lien.
Sentiments et convictions, il les tenait, au contraire, étroite-
ment unis pour les faire passer ensemble dans la pratique de
la vie. Chrétien et philosophe, il ne se sentait point gêné
par des formules dans lesquelles tant de beaux et grands
esprits s'étaient trouvés à l'aise. Tolérant et courtois dans
la discussion des sujets les plus irritants, il voulait la li-
berté pour lui-même, comme il la respectait chez les autres;
et son intelligence, qui s'essayait sans étroit scrupule aux
problèmes les plus ardus de la destinée humaine, s'arrêtait
avec soumission à la limite où la raison finit et où commence
la foi.

Aussi, quand les perspectives de la mort vinrent l'assaillir et
lui montrer, dans une vision suprême, tout ce qui allait dis-
paraître pour lui des bonheurs tant enviés de ce monde, il ne
fut pris d'aucun trouble. La sérénité d'âme dont il avait
donné tant de preuves dans le cours de sa longue maladie
lui resta fidèle jusqu'à la fin. Il accomplit ses devoirs reli-
gieux comme il avait rempli tous les autres, avec le calme
d'une bonne conscience et la sécurité d'un croyant qui s'en
remet à Dieu; laissant, par l'unité et la sincérité de sa vie.
un grand exemple aux hommes de bien qui marchent sur ses
traces, et aux siens un magnifique héritage d'honneur et de
vertu.

Les funérailles imposantes par lesquelles une grande cité
comme Lyon a voulu rendre hommage à la mémoire d'un de
ses meilleurs citoyens, justifient les éloges sans restriction et
les regrets sans borne de cette notice funèbre. Nous ne décri-
rons pas cette émouvante cérémonie, où, sans exception, tous
les rangs de la société se pressaient en une foule énorme et si
compacte que, pour trouver son développement, elle a dû
suivre un itinéraire inaccoutumé. Une telle solennité, si elle

ne répondait guère à la modestie du défunt, disait assez qu'en ce jour de deuil général, il ne s'agissait pas d'un simple particulier, malgré l'excellence de ses mérites, mais du représentant élu et en quelque sorte officiel des deux institutions qui honorent le plus l'humanité : l'Assistance publique et l'Enseignement populaire. Et, mieux que le plus éloquent discours, le cortége immense d'un tel mort proclamait hautement que celui qui personnifiait si bien, parmi nous, deux des plus grandes œuvres de toute civilisation, avait noblement rempli sa tâche et bien mérité de son pays.

HOMMAGES

RENDUS A LA MÉMOIRE

DE M. PIERRE PIATON

ARTICLES DE JOURNAUX A LA NOUVELLE DE SA MORT
ET DISCOURS PRONONCÉS EN SON HONNEUR.

I

M. Piaton est mort le 20 avril 1879. Le 22 avril, la *Décentralisation* annonça ce triste événement en ces termes :

Nous apprenons avec infiniment de regret la mort d'un véritable homme de bien, M. Piaton, président de la Commission d'administration des hospices et de la Commission de la Martinière.

Depuis de nombreuses années, M. Piaton consacrait tout son temps aux œuvres charitables ou d'intérêt public qu'il était chargé d'administrer. Tous ceux qui le connaissaient se demandaient comment il pouvait suffire à un tel labeur. Et pourtant, malgré d'incessantes occupations qu'il tenait de la confiance de ses concitoyens, ce n'était jamais en vain qu'on faisait appel à son obligeance. Il trouvait toujours le moyen de rendre service.

A cette affabilité native, à ce zèle, à ce dévoûment presque sans limites, M. Piaton joignait un esprit des plus cultivés.

Géologue distingué, la science avait pour lui de singuliers attraits ; aussi le voyait-on constamment prêt à seconder les entreprises qui tendaient à la diffusion des connaissances utiles.

D'une nature droite et loyale, d'un caractère conciliant, M. Piaton a eu, en ces dernières années, à défendre, au milieu de grandes difficultés, les droits et les prérogatives des admi- nistrations des hospices et de la Martinière contre les persis- tants envahissements du pouvoir central. Il l'a fait avec fer- meté et persévérance, mais avec les formes les plus courtoises.

A la Martinière, ses efforts n'ont pu qu'imparfaitement s'opposer à cette funeste et inquiétante tendance d'absorption générale. Que va-t-il advenir de notre antique Commission des hospices qui, depuis des siècles et au travers de perpétuelles révolutions, a su paternellement et si sagement administrer, conserver et accroître le bien des pauvres ?

M. Piaton s'est éteint hier dimanche, après avoir donné le grand exemple de la résignation et du courage à supporter les souffrances d'une longue et cruelle maladie couronnée par une mort chrétienne.

Nous recevons d'autre part les lignes suivantes :

« Une douloureuse nouvelle vient de se répandre dans notre ville, celle de la mort de M. Piaton, président du Conseil général d'administration des hospices et de la Commission de surveillance de l'école la Martinière.

« Peu de vies ont été si bien remplies, et nous ne pourrions mentionner les grands services rendus par ce travailleur infa- tigable qui possédait toutes les aptitudes et s'acquittait avec succès de toutes les missions.

« Chargé de nombreux intérêts industriels, il ne se montra

pas moins homme de science qu'homme d'affaires, et, à l'âge où, d'ordinaire, on ne sait plus qu'oublier, il apprenait avec ardeur la chimie, l'histoire naturelle, l'économie politique, etc.

« Ce fut toutefois dans l'administration des hospices civils et de l'école la Martinière qu'il signala le plus son esprit d'initiative et son amour du progrès. Ses services y furent si appréciés qu'on n'hésita pas à renouveler exceptionnellement ses mandats ; aussi la mort vient-elle de le frapper dans la quinzième année de ses fonctions hospitalières.

« Pendant la durée de sa présidence, bien des réformes et des améliorations ont été réalisées, et on ne saurait surtout oublier la grande part qu'il a prise à l'organisation de notre Faculté de médecine. Maîtres et élèves lui doivent beaucoup ; d'ailleurs, tous s'empressent de le reconnaître.

« M. Piaton était sincèrement chrétien et il est mort en chrétien. Ses convictions religieuses, qui ont été la garantie de sa récompense, restent aujourd'hui la seule consolation de sa famille et de ses amis. »

II

Les funérailles de M. Piaton ont eu lieu le 23 avril 1879. Voici le compte-rendu qu'en fit le *Courrier de Lyon*, dans les n^os des 24 et 25 avril :

Aujourd'hui ont eu lieu les obsèques de M. Pierre Piaton.

Une foule nombreuse que l'on peut évaluer à plus de quatre mille personnes formait un cortége comme nous en avons rarement vu à Lyon.

Le convoi funèbre est parti à dix heures du domicile du défunt situé rue du Plat, au coin de la place Saint-Michel. Il était ouvert par les élèves de l'école la Martinière dont M. Piaton présidait la Commission administrative, les professeurs et les membres de la Commission, MM. Gustave Arlès-Dufour, Bouvet, etc.

Puis venaient des députations des sœurs de Saint-Vincent-de-Paul, des sœurs et des frères des hôpitaux, les aumôniers des divers hospices civils, les vieillards des hospices, le clergé d'Ainay au complet. Sur le cercueil était posée une ceinture d'administrateur des hôpitaux, portant la croix de chevalier de la Légion d'honneur et les palmes d'officier de l'instruction publique. Les cordons du poêle étaient tenus par MM. Faye et Th. Côte, administrateurs des hôpitaux, M. Bizot, administrateur de la Martinière, et M. Coste, président de la Chambre des notaires. Le service d'honneur était fait par un peloton du 16ᵉ de ligne.

Parmi les corps et sociétés qui avaient envoyé des délégations nous avons remarqué l'Académie de Lyon, les Sociétés d'agriculture, d'économie politique, des sciences industrielles, la Société de secours mutuels des anciens militaires, etc.

Le deuil était conduit par les deux fils du défunt, MM. Maurice et Vincent Piaton, ses gendres MM. Mazas, procureur de la République à Trévoux, et Tavernier, avocat à la Cour d'appel, et les autres membres de la famille, parmi lesquels nous avons remarqué M. le docteur Chauveau, directeur de l'École vétérinaire, et M. le commandant d'état-major Poulot.

Nous avons remarqué en outre M. Oustry, préfet du Rhône, M. de Lassuchette, secrétaire général pour l'administration, M. le docteur Lortet, doyen de la Faculté de médecine, et tous les professeurs de la Faculté, M. Rougier, professeur à la Faculté de droit, un grand nombre de professeurs des Facultés, du Lycée de Lyon, de l'École centrale, de l'École de commerce, de la Société d'enseignement professionnel, MM. Galline, président, Sévenne, Marius Duc et Lilienthal, membres de la Chambre de commerce, Desgrands, président de la Société de géographie, et, en citant sans ordre, MM. Dumont, agent général de la Caisse d'épargne, Schlumberger, ingénieur de la marine, Aimé Vingtrinier, Druard, Deville, maire du 1er arrondissement, Devienne, avocat, adjoint du 2e arrondissement, Ramel, Bredin, Boubée, substitut, Dareste de la Chavanne, ancien recteur, Million, président du Conseil général, Gailleton, membre du Conseil municipal, Chambeyron, Coint-Bavarot, de Valous, de Nervaud, le baron Raverat, Clair Tisseur, Curty et Ducruet, notaires, etc., etc.

Il nous faudrait citer tout Lyon si nous voulions dire le nom de tous les personnages marquants qui s'étaient fait un devoir d'assister aux funérailles de celui qui, pendant trente ans de sa vie, a attaché son nom à tout ce qui s'est fait de bon et de beau dans notre ville pour l'enseignement et les œuvres de charité.

Après une messe dite à Ainay, le cortége s'est rendu à Loyasse. Deux discours ont été prononcés sur la tombe de M. Pierre Piaton, l'un par M. Bondet au nom des hospices et de la Faculté de médecine, l'autre par M. l'ingénieur en chef Gobin au nom de la Société d'agriculture.

La place et le temps nous manquent pour reproduire aujourd'hui ces deux oraisons funèbres. Nous devons nous borner à ce rapide compte-rendu fait au sortir du cimetière.

III

Voici les discours prononcés hier sur la tombe de
M. Piaton et que le *Courrier de Lyon* n'a pu reproduire
dans son précédent numéro :

DISCOURS DE M. LE DOCTEUR BONDET.

Messieurs,

Au nom du corps médical et de la Société médico-chirurgicale des hôpitaux, je viens saluer d'un dernier et éternel
adieu celui qui, comme administrateur ou président de
l'Administration hospitalière, fut pendant une période de près
de quinze ans le collaborateur éclairé de nos luttes, de nos
efforts pour l'amélioration des services des hôpitaux, le bien-
être des malades, aussi bien que pour le perfectionnement
de notre organisation médicale et scientifique.

Lorsque M. Piaton fut chargé de la direction de l'Hôtel-
Dieu, les salles de cet hôpital, ouvertes encore malgré nos
incessantes réclamations à toutes les maladies contagieuses,
spécialement à la variole, faisaient de cet asile un vaste et
redoutable foyer d'infection.

Vainement jusqu'à ce jour avions-nous demandé la création
d'un service spécial pour l'isolement des varioleux. L'installation de ce service, dont les avantages sont et seront chaque
jour de plus en plus appréciés, fut un des premiers actes de
sa direction.

C'est pendant la période de sa vie hospitalière que furent
améliorés aussi le régime et le coucher des malades, et que

des changements importants furent introduits dans la consultation gratuite de l'Hôtel-Dieu.

Esprit ouvert à toutes les observations, ami passionné du bien et du vrai, jamais notre nouveau directeur ne resta sourd à de justes et légitimes réclamations. C'est grâce à lui, et pendant cette même durée de ses fonctions comme administrateur de l'intérieur de l'Hôtel-Dieu, que furent institués les concours de l'externat, et que les épreuves de médecine furent introduites dans ceux de l'internat. C'est à son instigation également que furent reprises, pesées, discutées, pour être enfin définitivement arrêtées, d'importantes réformes dans nos propres concours, c'est-à-dire leur périodicité annuelle, et pour chaque concours la nomination d'un seul candidat.

Mais l'œuvre importante à laquelle son nom doit rester attaché, puisque c'est sous sa présidence qu'elle a été préparée, décidée, et finalement exécutée par l'Administration des hôpitaux, c'est l'organisation des services cliniques de la Faculté.

Pour réussir dans une pareille entreprise, bien des difficultés devaient être aplanies, bien des obstacles étaient à vaincre, et si Lyon possède aujourd'hui une Faculté de médecine si richement, on peut dire même si exceptionnellement dotée, au point de vue de ses services cliniques, ceux-là seulement qui y ont pris part peuvent dire ce qui revient dans cette organisation à notre cher et regretté président.

Nul mieux que lui, il est vrai, n'était à même de diriger et de mener à bien une création aussi délicate. Homme de bien avant tout, esprit cultivé, libéral, aussi ferme dans ses croyances que tolérant et respectueux pour celle des autres, toujours profondément droit, essentiellement honnête, Piaton à son ardent amour de bien faire sut toujours allier, avec l'autorité qui s'impose, le caractère et les qualités qui font l'homme, nous pourrions presque dire le sage, le *vir sapiens* d'autrefois. Ah! c'est qu'il n'était pas seulement l'homme du devoir, le citoyen dévoué à son pays, l'époux, le père de famille modèle entre tous, il était l'homme fort, fort de sa conscience, de ses croyances, aussi peut-être de ses espérances, mais fort surtout de ses vertus, fort de son mérite.

Connues de ceux-là surtout qui l'ont suivi dans ses œuvres et dans cette dernière, longue et cruelle maladie, ses vertus n'eurent d'égales que sa modestie et son admirable résignation. Et cependant que de fois, en face des progrès incessants de ce mal implacable qui, lentement, jour par jour, heure par heure, préparait l'œuvre de la mort, il dut regretter la vie, ses travaux et les siens! Que de fois, en promenant ses regards attristés, sur tout ce qu'il allait laisser, d'amers regrets, de sombres tristesses durent traverser son esprit!

« Mon œuvre n'est pas finie, me disait-il un jour où j'étais allé m'informer de l'état de sa santé, en me parlant de sa famille et des hôpitaux, et quoique je me sente profondément atteint, j'espère encore que le dévoûment de mes amis et les efforts de la science me permettront de l'accomplir. »

Hélas! ni les amitiés fidèles, ni la science qu'il avait cultivée, servie et honorée ne pouvaient et ne purent rien pour lui.

Le 20 avril, après une longue et douloureuse maladie, s'éteignit doucement, paisiblement, M. Pierre Piaton, calme, résigné, mourant comme il avait vécu, simplement, en homme et en chrétien.

Au nom du corps médical et de la Société médico-chirurgicale des hôpitaux, adieu!

DISCOURS DE M. GOBIN.

Messieurs,

Je viens, au nom de la Société d'agriculture, histoire naturelle et arts utiles de Lyon, rendre un dernier hommage et dire un suprême adieu à l'homme éminent dont la mort laisse un si grand vide dans nos rangs et provoque, dans toute notre cité, de si profonds et unanimes regrets.

Admis dans notre Société en 1864, notre confrère Pierre Piaton s'y distingua bientôt par la variété de ses connaissances, la sûreté et la rectitude de son jugement, son ardeur au travail et son dévoûment non-seulement aux intérêts de la Société, mais encore à tout ce qui pouvait faire progresser les sciences et contribuer au bien-être de l'humanité. Ses éminentes qualités le désignèrent bientôt à nos suffrages pour le fauteuil de la présidence qu'il occupa en 1870 et 1871.

La modestie extrême de notre collègue lui fit accepter comme un devoir une présidence à laquelle ses qualités seules l'appelaient ; vous vous rappelez, en effet, avec quelle précision élégante et facile il dirigeait nos séances, quelle activité il sut imprimer à nos travaux, quelle profonde érudition, quelle expérience et quelle sûreté de jugement il sut apporter dans toutes nos discussions et dans la solution des questions souvent délicates que notre Société avait à trancher. Vous savez aussi avec quelle dignité il sut conserver le patrimoine d'honneur et de considération légué par ses prédécesseurs, avec quelle distinction il représentait au dehors la Société, avec quel soin scrupuleux il recherchait tout ce qui pouvait la rendre plus féconde, en faire apprécier davantage les services, en rehausser l'éclat.

Je n'essaierai pas, Messieurs, de rappeler ici ses nombreux travaux ni de détailler les diverses phases d'une vie si bien remplie ; celui dont la préoccupation constante a été le désir de bien faire qu'il portait gravé dans sa conscience et dont la devise était : travail et dévoûment, n'a pu rester étranger à aucune des œuvres de bienfaisance, à aucune fondation d'utilité qui intéressât notre cité. Aussi le nom de M. Piaton restera-t-il attaché à un grand nombre d'œuvres et d'institutions utiles dont l'énumération serait trop longue pour être faite ici.

M. Piaton porta le culte du dévoûment jusqu'au sublime ; débarrassé des charges professionnelles, il consacra tout son temps aux œuvres d'utilité publique, et, infatigable au travail, il réserva seulement à ses études favorites, la chimie et la minéralogie, les rares instants qu'il pouvait consacrer au repos. Animé d'un grand patriotisme, les œuvres destinées à développer l'instruction publique ont toujours eu une large part dans ses occupations, et après nos cruels revers de 1870, il redoubla d'ardeur et d'activité pour faire mettre en pratique par tous sa maxime : *travail*, qu'il considérait avec raison comme la condition essentielle de notre relèvement intellectuel et moral.

Infatigable à la peine, M. Piaton n'a pas même pris le repos que lui imposait la douloureuse maladie qui devait l'emporter ; soutenu par son ardent désir de faire le bien et par sa grande bonté de cœur, il supporta courageusement de cruelles souffrances et s'occupa encore à diverses reprises des institutions auxquelles il était le plus attaché.

Si, pendant son existence si bien remplie, il a trouvé de nobles et douces satisfactions dans la reconnaissance et l'estime de ses concitoyens, nos derniers adieux et nos profonds regrets l'accompagnent maintenant dans la suprême récompense que Dieu réserve aux hommes de bien. Adieu, cher collègue, votre souvenir restera toujours gravé dans nos cœurs comme un modèle de patriotisme et de dévoûment.

IV

Les Associations de tout ordre dont M. Piaton était membre se sont empressées, dans leur première réunion après sa mort, de rendre au collègue si marquant qu'elles avaient vu à l'œuvre des hommages officiels bien précieux pour sa mémoire, en consignant au procès-verbal de la séance l'expression de leurs regrets.

Ces témoignages honorables ne peuvent tous être reproduits. Les uns ont consisté dans des allocutions non écrites des présidents ; les autres ont trouvé place dans des lettres de condoléance adressées à la famille et qui doivent conserver leur caractère intime. Toutefois, les trois grandes corporations qui ont pu le mieux apprécier les mérites de M. Piaton, aux diverses époques de sa vie publique, la Chambre des notaires, l'Ecole la Martinière et le Conseil d'administration des hospices, ont voulu honorer un ancien collaborateur par des discours sympathiques réservés d'ordinaire au huis-clos de leurs délibérations, et qui entrent aujourd'hui dans la demi-publicité de ce recueil, grâce à la bienveillance toute particulière de leurs auteurs.

DISCOURS DE M. COSTE,

Président de la Chambre des notaires,
en assemblée générale de la corporation, le 8 mai 1879.

« Le même jour, — dit M. Coste, en parlant d'un autre confrère récemment décédé, — le même jour, la ville entière était en deuil : elle venait de perdre un de ses plus éminents citoyens. Après plusieurs mois de grandes souffrances, M. Pierre Piaton venait de rendre sa belle âme à Dieu.

Plus que tous autres, nous nous sommes associés à la douleur des siens, car c'est comme notaire qu'il s'est fait connaître et qu'il a grandi dans l'estime publique. Malheureusement des raisons de famille et de santé l'obligèrent à quitter une carrière qu'il aimait ; trop tôt pour qu'il pût rester des nôtres comme notaire honoraire ; mais il avait conservé avec ses anciens confrères des rapports d'amitié et de véritable confraternité.

D'un esprit libéral et méthodique, son but fut presque toujours : *ordre* et *progrès*. Trésorier de notre Chambre, il mit en ordre et releva lui-même toute la comptabilité ancienne ; ceux qui lui succédèrent, et je fus le premier, n'eurent qu'à continuer ce qu'il avait si bien organisé. C'est à lui que nous devons également les premières motions et les premières règles sur la tenue des livres dans les Études.

A peine son successeur fut-il nommé que les établissements de bienfaisance et d'utilité publique se le disputèrent pour le mettre à leur tête. Simultanément ou tour à tour, il fut élu :

Président de la Commission administrative de l'École la Martinière ;

Président de la Caisse d'épargne ;

Président de la Société d'agriculture ;

Secrétaire général perpétuel de la Société d'Enseignement professionnel ;

Président de la Société des Sciences industrielles ;

Président de la Société d'Économie politique ;

Président d'un grand nombre d'œuvres de bienfaisance, et enfin, président du Conseil des hospices de notre ville.

Il fut réellement alors, dans notre grande cité, *primus ante omnes.*

Son extrême activité et sa haute intelligence suffisaient à tout; il savait allier à des idées libérales les principes les plus fermes d'autorité et de religion. Aussi, quoiqu'il ne fût plus des nôtres que par le souvenir et le cœur, j'ai cru devoir rappeler son passage parmi nous, et associer nos regrets à tous ceux que sa mort prématurée a laissés dans notre ville. »

DISCOURS DE M. BIZOT,

A l'ouverture de la séance de la Commission administrative de l'École la Martinière,
le 21 avril 1879.

Messieurs,

Hier, en assistant toute entière aux funérailles d'un Président aimé et respecté, l'École a rendu à M. Piaton l'hommage public qui lui était dû. Ses collègues lui rendront surtout hommage en disant ce qu'il a fait pour la Martinière.

M. Piaton possédait toutes les qualités de l'administrateur : le dévoûment, la connaissance approfondie des lois, un esprit conciliant et juste. Il ne s'était pas borné aux travaux littéraires exigés par la carrière qu'il avait embrassée; les sciences naturelles, la chimie particulièrement, avaient été l'objet de ses études ; aussi nul ne s'étonnait de le voir occuper une place prépondérante dans la Commission des Hospices, à la Société d'agriculture, à la Société d'Enseignement professionnel, à la Martinière.

Bien avant de faire partie de la Commission administrative, M. Piaton connaissait la Martinière et lui portait un vif intérêt, comme gendre de M. Michel, un de nos anciens président. Aussi, nommé membre du Conseil le 29 janvier 1869, il fut élu à l'unanimité président, par délibération du 26 janvier 1872.

Appréciant justement les méthodes spéciales qui ont fait la réputation de l'École, et sans vouloir rien enlever à l'étude des mathématiques, du dessin et de la chimie, il chercha à développer l'élément commercial, en introduisant dans nos programmes une langue étrangère, et en attribuant plus de temps à la comptabilité et au français. Il projetait l'établissement d'un cours de droit commercial et d'économie politique.

Une de ses dernières et plus vives préoccupations a été la fondation d'une École la Martinière pour les filles, et dans une récente séance tenue dans son domicile, de son lit, duquel il ne devait pas se relever, il a exposé devant vous, et en présence du Préfet du Rhône, ses idées si justes sur cette grave question. Il a établi une fois de plus, que l'intérêt de l'École des filles est que les deux établissements soient confiés à une administration unique, qui consacrerait la même sollicitude à cette double institution lyonnaise.

Grâce à sa grande expérience de légiste, M. Piaton put mener à bonne fin, au bénéfice de l'École, les négociations engagées avec les héritiers des docteurs Gilibert et Bonnaric, bienfaiteurs de la Martinière.

L'exercice de son autorité envers ses collègues lui fut toujours facile, car son libéralisme n'excluait aucune opinion.

Il s'est toujours montré juste et bienveillant avec les professeurs et les fonctionnaires de l'École, dont il savait apprécier le mérite et encourager le zèle.

La valeur morale de M. Piaton était à la hauteur de son intelligence, et respectueux des idées d'autrui, il était très-ferme dans ses propres croyances. Le jour où il connut toute la gravité de son mal, il fit appeler le principal de l'École pour lui transmettre ses instructions, et il lui dit : « Je suis perdu ; je crois être en règle avec les hommes, je vais tâcher de me mettre en règle avec Dieu.... » Il a conservé ce même calme jusqu'à la fin.

L'École gardera pieusement le souvenir de la présidence de M. Piaton ; elle s'associe toute entière au deuil d'une famille frappée si douloureusement en la personne de son chef.

La Commission administrative, partageant les sentiments exprimés dans ce discours, a décidé que cet hommage serait inscrit au registre des délibérations et qu'une copie en serait remise à la famille.

DISCOURS DE M. FAYE,

Vice-président du Tribunal civil et administrateur des hospices de Lyon,
dans la séance du Conseil d'administration du 21 avril 1879.

Messieurs,

Un ancien et pieux usage nous réunit aux jours de deuil pour donner à nos morts un dernier témoignage d'affectueuse souvenance. Le premier sentiment qui s'éveille dans une famille où la mort a frappé, n'est-il pas en effet le besoin de serrer ses rangs, de s'assembler pour parler encore de celui qui n'est plus. Ce besoin du cœur n'est-il pas plus impérieux lorsque c'est au chef de famille que s'adressent les regrets ?

Dans ces épanchements de la douleur commune, ce qu'on aime à rappeler, ce qui sollicite nos souvenirs, ce sont surtout ces qualités intimes, ces dons du cœur, bien plus que les dehors brillants et les titres les mieux acquis à la faveur publique. Aussi, en vous parlant de notre cher et regretté président, n'essayerai-je pas de retracer sa vie, je voudrais seulement redire de lui ce qui le fit le premier et le plus aimé d'entre nous.

M. Piaton est né à Lyon en 1818 ; il était donc dans sa 61ᵉ année.

Plusieurs d'entre nous ont été ses camarades d'études, quelques-uns les rivaux de ses succès au collége de Lyon.

A Paris, où il suivit les cours de droit, ni les tentations de la fortune, ni les séductions des sciences naturelles auxquelles il consacrait déjà ses loisirs, ne purent le détourner du but sérieux qu'il s'était proposé.

Son cours de droit achevé, et après avoir dirigé une étude à Paris il rapportait dans sa ville natale un cœur fidèle, un esprit mûri par l'étude et le ferme propos de devenir un homme utile.

C'est dans les fonctions si graves et si délicates du notariat que se révélèrent les facultés si éminentes de son intelligence. L'un des plus jeunes de sa compagnie, il fut choisi pour liquider la gestion désastreuse d'un de ses confrères.

Vers 1864, M. Piaton quittait le notariat, entouré du respect et de la considération de tous. Il avait payé sa dette aux affaires publiques ; il voulait consacrer sa vie, sa fortune noblement acquise au culte de la science qui toujours captivait son esprit et à ce zèle du prochain dont son cœur fut toujours passionnément épris.

C'est, en effet, à ces deux nobles passions qu'il a exclusivement prodigué cette ardeur infatigable au travail , ces connaissances à la fois si variées et si complètes, cette expérience rompue aux affaires. C'est à elles qu'il sacrifiait bien souvent les joies de la famille, les jouissances de la fortune, les loisirs mérités d'une carrière dignement remplie et jusqu'à sa santé.

Tel était leur empire, qu'il nous a été donné bien des fois de recueillir de sa bouche cet aveu qui le peint tout entier, que jamais il n'avait été si occupé que depuis qu'il avait cru se retirer des affaires.

A dater de ce moment il n'est pas une œuvre à Lyon, charitable, scientifique ou philanthropique, qui n'a gardé la trace et le souvenir de son actif concours. A des charges que chaque jour multipliait, il ne savait jamais se refuser ; prodigue de son temps, de ses peines, sa charité sans bornes, son activité, son dévoûment infatigables lui permettaient de suffire à tout.

Entre toutes ces œuvres qu'il a patronnées, secourues, encouragées ou dirigées, je n'en veux signaler que deux auxquelles il s'est plus particulièrement voué et qui résument, à mon avis, son esprit et son cœur : je veux parler de l'école la Martinière et de l'Administration des hospices.

La première de ces institutions répondait à son amour de la science dans ce qu'elle a de plus élevé. S'il aimait, en effet, à en amasser les trésors, c'était moins pour en enrichir son esprit que pour les répandre autour de lui ; c'était à en faire profiter la jeunesse qu'il trouvait sa plus douce satisfaction, j'allais dire sa récompense. C'est sous l'empire de ces généreux sentiments qu'il a présidé jusqu'à la fin de sa vie à la direction de la Martinière avec un zèle, une hauteur de vue qui ont singulièrement contribué à la placer au rang qu'elle occupe aujourd'hui.

Mais j'ai hâte d'arriver à ce qui fut comme le couronne-
ment de cette vie si courte et cependant si pleine, à ces
fonctions hospitalières qui répondaient si complètement à
toutes les nobles aspirations de ce cœur vaillant et généreux.

Son entrée aux hospices date de 1865. Il y a été sucessi-
vement chargé des attributions les plus diverses ; à la direction des maisons, à la direction de l'Hôtel-Dieu, de la commission exécutive et des immeubles, partout il a laissé la
trace de ses aptitudes vraiment exceptionnelles et de son
activité. Aussi lorsqu'il s'agit de pourvoir au remplacement
de M. le président Théodore Côte, beaucoup d'entre nous
peuvent attester avec quelle flatteuse unanimité le nom de
M. Piaton fut proclamé dans une séance du 15 janvier 1873 ;
et lorsqu'en 1874, son second mandat expirait, quelles furent
nos sollicitations pour l'engager à en accepter un troisième.

Mais aussi quel dévoûment, quelle abnégation dans l'exercice de ces fonctions devenues si délicates au milieu des évé-
nements que nous avons traversés ! quelle exactitude et quelle
assiduité dans l'accomplissement de ses devoirs hospitaliers !
quel bienveillant accueil pour tous ceux qui recouraient à
son expérience pour un conseil, à son autorité pour une
décision !

L'installation des services cliniques de la Faculté dans nos
hospices a été l'objet le plus récent de ses âpres préoccupations. Et d'ailleurs, quelle sollicitude pour tous nos travaux
jusqu'à son dernier soupir ! On eût dit qu'il oubliait ses souffrances en nous encourageant et nous dirigeant encore de
ses conseils. A cet ardent amour du bien et des pauvres,
M. Piaton joignait le culte de nos traditions et un vif sentiment de la dignité du Conseil.

Ces souvenirs, Messieurs, disent assez quelle est l'amertume de nos regrets ; il en est d'autres sur lesquels je tiens à m'arrêter en terminant, parce qu'ils sont un enseignement et un motif de consolation.

Il y a onze mois que notre regretté président assistait à la dernière fête du Perron ; le lendemain, vaincu par la souffrance, il s'alitait pour ne plus se relever.

Dès le premier jour, il avait compris le sacrifice immense que Dieu demandait à son âme vraiment forte et chrétienne : il l'avait accepté avec une foi et une résignation qui ne se sont pas démenties pendant tout le cours de cette longue et cruelle maladie. Si son cœur de père a dû cruellement saigner de la séparation, sa confiance en Dieu en a adouci l'amertume.

A cette jeune famille dont la douleur ne peut se dire, il laisse un trésor inestimable, qui ne craint ni les vers ni la rouille, l'héritage d'un nom justement entouré de respect, d'affection, d'honneur et béni de tous les malheureux.

A nous, Messieurs, il laisse le souvenir et l'exemple de ses rares vertus et de ce dévoûment sans bornes aux intérêts de nos pauvres malades qu'il a aimés jusqu'à la mort.

9 782329 415048